GRAND TARIF
OV
EVALVATION DV PRIX DV MARC ET DIMINVTIONS

des Pieces d'argent legeres & rongnées tant de France qu'Estrangeres.

Depuis le grain de chaque Espece iusques à cent Marcs, pour seruir aux Bureaux des Tresoriers, Receueurs generaux, & autres Bureaux où il se reçoit ordinairement grande quantité d'argent.

Suiuant les Declarations du Roy du mois de Iuin 1636. & 29. Octobre 1640. & Arrest de la Cour des Monnoyes du 30. dudit mois.

A PARIS,
Chez SEBASTIEN CRAMOISY, Imprimeur ordinaire du Roy, & en la Cour des Monnoyes, ruë sainct Iacques, aux Cicognes.

M. DC. XL.

Auec Priuilege de sa Majesté.

GRAND TARIF POVR LES ESPECES d'Argent legeres, tant de France qu'Estrangeres.

PIECES CY-DEVANT appellées Quarts d'Escus.

LE GRAIN,	1 d. pite ½ de p.
Deux Grains,	2 d. ob semip.
Trois,	3 d. ob. p. sem.
Quatre,	5 d. p.
Cinq,	6 d. ob.
Six,	7 d. ob. p. semip.
Sept,	9 d. semip.
Huict,	10 d. ob.
Neuf,	11 d. ob. p.
Dix,	1 s. 1 d. semip.
Onze,	1 s. 2 d. p. semip.
Douze,	1 s. 3 d. ob. p.
Treize,	1 s. 5 d.
Quatorze,	1 s. 6 d. p. semip.

Quinze,	1 ſ. 7 d. ob. ſem.
Seize,	1 ſ. 9 d
Dix ſept,	1 ſ. 10 d. p.
Dix huict,	1 ſ. 11 d. ob. ſem.
Dix neuf,	2 ſ. ....ob. p. ſe.
Vingt,	2 ſ. 2 d. p.
Vingt vn,	2 ſ. 3 d. ob.
Vingt deux,	2 ſ. 4 d. ob. p. ſ.
Vingt trois,	2 ſ. 6 d. ſemip.
LE DENIER,	2 ſ. 7 d. ob.
Le demy Gros,	3 ſ. 11 d. p.
LE GROS,	7 ſ. 10 d. ob.
Deux,	15 ſ. 9 d.
Trois,	1 l. 3 ſ. 7 d. ob.
Quatre,	1 l. 11 ſ. 6 d.
Cinq,	1 l. 19 ſ. 4 d. ob.
Six,	2 l. 7 ſ. 3 d.
Sept,	2 l. 15 ſ. 1 d. ob.
L'ONCE,	3 l. 3 ſ.
Deux,	6 l. 6 ſ.
Trois,	9 l. 9 ſ.
Quatre,	12 l. 12 ſ.
Cinq,	15 l. 15 ſ.
Six,	18 l. 18 ſ.
Sept,	22 l. 1 ſ.
LE MARC,	25 l. 4 ſ.
Deux,	50 l. 8 ſ.
Trois,	75 l. 12 ſ.
Quatre,	100 l. 16 ſ.
Cinq,	126 l.
Six,	151 l. 4 ſ.

Sept,	176 l. 8 ſ.
Huict,	201 l. 4 ſ.
Neuf,	226 l. 16 ſ.
Dix,	252 l.
Onze,	277 l. 4 ſ.
Douze,	302 l. 8 ſ.
Treize,	327 l. 12 ſ.
Quatorze,	352 l. 16 ſ.
Quinze,	378 l.
Seize,	403 l. 4 ſ.
Dix ſept,	428 l. 8 ſ.
Dix huict,	453 l. 12 ſ.
Dix neuf,	478 l. 16 ſ.
Vingt,	504 l.
Vingt vn,	529 l. 4 ſ.
Vingt deux,	554 l. 8 ſ.
Vingt trois,	579 l. 12 ſ.
Vingt quatre,	604 l. 16 ſ.
Vingt cinq,	630 l.
Vingt ſix,	655 l. 4 ſ.
Vingt ſept,	680 l. 8 ſ.
Vingt huict,	705 l. 12 ſ.
Vingt neuf,	730 l. 16 ſ.
Trente,	756 l.
Trente vn,	781 l. 4 ſ.
Trente deux,	806 l. 8 ſ.
Trente trois,	831 l. 12 ſ.
Trente quatre,	856 l. 16 ſ.
Trente cinq,	882 l.
Trente ſix,	907 l. 4 ſ.
Trente ſept,	932 l. 8 ſ.

Trente huict,	957 l. 12 ſ.
Trente neuf,	982 l. 16 ſ.
Quarante,	1008 l.
Quarante vn,	1033 l. 4 ſ.
Quarante deux,	1058 l. 8 ſ.
Quarante trois,	1083 l. 12 ſ.
Quarante quatre,	1108 l. 16 ſ.
Quarante cinq,	1134 l.
Quarante ſix,	1159 l. 4 ſ.
Quarante ſept,	1184 l. 8 ſ.
Quarante huict,	1209 l. 12 ſ.
Quarante neuf,	1234 l. 16 ſ.
Cinquante,	1260 l.
Cinquante vn,	1285 l. 4 ſ.
Cinquante deux,	1310 l. 8 ſ.
Cinquante trois,	1335 l. 12 ſ.
Cinquante quatre,	1360 l. 16 ſ.
Cinquante cinq,	1386 l.
Cinquante ſix,	1411 l. 4 ſ.
Cinquante ſept,	1436 l. 8 ſ.
Cinquante huict,	1461 l. 12 ſ.
Cinquante neuf,	1486 l. 16 ſ.
Soixante,	1512 l.
Soixante vn,	1537 l. 4 ſ.
Soixante deux	1562 l. 8 ſ.
Soixante trois,	1587 l. 12 ſ.
Soixante quatre,	1612 l. 16 ſ.
Soixante cinq,	1638 l.
Soixante ſix,	1663 l. 4 ſ.
Soixante ſept,	1688 l. 8 ſ.
Soixante huict,	1713 l. 12 ſ.

Soixante neuf,	1738 l. 16 ſ.
Soixante dix,	1764 l.
Soixante onze,	1789 l. 4 ſ.
Soixante douze,	1814 l. 8 ſ.
Soixante treize,	1839 l. 12 ſ.
Soixante quatorze,	1864 l. 16 ſ.
Soixante quinze,	1890 l.
Soixante ſeize,	1915 l. 4 ſ.
Soixante dix ſept,	1940 l. 8 ſ.
Soixante dix huict,	1965 l. 12 ſ.
Soixante dix neuf,	1990 l. 16 ſ.
Quatre vingt,	2016 l.
Quatre vingt vn,	2041 l. 4 ſ.
Quatre vingt deux,	2066 l. 8 ſ.
Quatre vingt trois,	2091 l. 12 ſ.
Quatre vingt quatre,	2116 l. 16 ſ.
Quatre vingt cinq,	2142 l.
Quatre vingt ſix,	2167 l. 4 ſ.
Quatre vingt ſept,	2192 l. 8 ſ.
Quatre vingt huict,	2217 l. 12 ſ.
Quatre vingt neuf,	2242 l. 16 ſ.
Quatre vingt dix,	2268 l.
Quatre vingt onze,	2293 l. 4 ſ.
Quatre vingt douze,	2318 l. 8 ſ.
Quatre vingt treize,	2343 l. 12 ſ.
Quatre vingt quatorze,	2368 l. 16 ſ.
Quatre vingt quinze,	2394 l.
Quatre vingt ſeize,	2419 l. 4 ſ.
Quatre vingt dix ſept,	2444 l. 8 ſ.
Quatre vingt dix huict,	2469 l. 12 ſ.
Quatre vingt dix neuf,	2494 l. 16 ſ.

Cent,	2520 l.
Deux cens,	5040 l.
Trois cens,	7560 l.
Quatre cens,	10080 l.
Cinq cens,	12600 l.
Mil,	25200 l.

TESTONS.

LE GRAIN,	1 d. pite $\frac{9}{384}$ de p.
Deux Grains,	2 d. ob.
Trois,	3 d. ob. p. ſemip.
Quatre,	5 d. ſemip.
Cinq,	6 d. p. ſemip.
Six,	7 d. ob. p.
Sept,	9 d.
Huict,	10 d. p.
Neuf,	11 d. ob. ſemip.
Dix,	1 ſ. .... ob. p. ſemip.
Onze,	1 ſ. 2 d. ſemip.
Douze,	1 ſ. 3 d. ob. $\frac{15}{96}$ de p.
Treize,	1 ſ. 4 d. ob. p.
Quatorze,	1 ſ. 6 d. ſemip.
Quinze,	1 ſ. 7 d. p. ſemip.
Seize,	1 ſ. 8 d. ob. ſemip.
Dix ſept,	1 ſ. 10 d.
Dix huict,	1 ſ. 11 d. p.
Dix neuf,	2 ſ. ...... ob.
Vingt,	2 ſ. 1 d. ob. p. ſemip.

Vingt vn,

Vingt vn,	2 s. 3 d. semipite.
Vingt deux,	2 s. 4 d. p. semip.
Vingt trois,	2 s. 5 d. ob. p.
LE DENIER,	2 s. 7 d. $\frac{5}{16}$ de p.
Le demy Gros,	3 s. 10 d. ob. $\frac{45}{9?}$ de p.
LE GROS,	7 s. 9 d. semip. $\frac{7}{16}$ de p.
Deux,	15 s. 6 d. p. semip.
Trois,	1 l. 3 s. 3 d. ob. semip.
Quatre,	1 l. 11 s. ob. p. semip.
Cinq,	1 l. 18 s. 10 d. semip.
Six,	2 l. 6 s. 7 d. p. semip.
Sept,	2 l. 14 s. 4 d. ob. semip.
L'ONCE,	3 l. 2 s. 1 d. ob. p. semip.
Deux,	6 l. 4 s. 3 d. ob. p.
Trois,	9 l. 6 s. 5 d. ob. semip.
Quatre,	12 l. 8 s. 7 d. ob.
Cinq,	15 l. 10 s. 9 d. p. semip.
Six,	18 l. 12 s. 11 d. p.
Sept,	21 l. 15 s. 1 d. semip.
LE MARC,	24 l. 17 s. 3 d.
Deux,	49 l. 14 s. 6 d.
Trois,	74 l. 11 s. 9. d.
Quatre,	99 l. 9 s.
Cinq,	124 l. 6 s. 3 d.
Six,	149 l. 3 s. 6 d.
Sept,	174 l. .... 9 d.
Huict,	198 l. 18 s.
Neuf,	223 l. 15 s. 3 d
Dix,	248 l. 12 s. 6 d.
Vnze,	273 l. 9 s. 9 d.
Douze,	298 l. 7 s.

Treize,	323 l. 4 ſ. 3 d.
Quatorze,	348 l. 1 ſ. 6 d.
Quinze,	372 l. 18 ſ. 9 d.
Seize,	397 l. 16 ſ.
Dix ſept,	422 l. 13 ſ. 3 d.
Dix huict,	447 l. 10 ſ. 6 d.
Dix neuf,	472 l. 7 ſ. 9 d.
Vingt,	497 l. 5 ſ.
Vingt vn,	522 l. 2 ſ. 3 d.
Vingt deux,	546 l. 19 ſ. 6 d.
Vingt trois,	571 l. 16 ſ. 9 d.
Vingt quatre,	596 l. 14 ſ.
Vingt cinq,	621 l. 11 ſ. 3 d.
Vingt ſix	646 l. 8 ſ. 6 d.
Vingt ſept,	671 l. 5 ſ. 9 d.
Vingt huict,	696 l. 3 ſ.
Vingt neuf,	721 l. [illegible] 3 d.
Trente,	745 l. 17 ſ. 6 d.
Trente vn,	770 l. 14 ſ. 9 d.
Trente deux,	795 l. 12 ſ.
Trente trois,	820 l. 9 ſ. 3 d.
Trente quatre,	845 l. 6 ſ. 6 d.
Trente cinq,	870 l. 3 ſ. 9 d.
Trente ſix,	895 l. 1 ſ.
Trente ſept,	919 l. 18 ſ. 3 d.
Trente huict,	944 l. 15 ſ. 6 d.
Trente neuf,	969 l. 12 ſ. 9 d.
Quarante,	994 l. 10 ſ.
Quarante vn,	1019 l. 7 ſ. 3 d.
Quarante deux,	1044 l. 4 ſ. 6 d.
Quarante trois,	1069 l. 1 ſ. 2 d.

Quarante quatre,	1093 l. 19 ſ.
Quarante cinq,	1118 l. 16 ſ. 3 d.
Quarante ſix,	1143 l. 13 ſ. 6 d.
Quarante ſept,	1168 l. 10 ſ. 9 d.
Quarante huict,	1193 l. 8 ſ.
Quarante neuf.	1218 l. 5 ſ. 3 d.
Cinquante,	1243 l. 2 ſ. 6 d.
Cinquante vn,	1267 l. 19 ſ. 9 d.
Cinquante deux,	1292 l. 17 ſ.
Cinquante trois,	1317 l. 14 ſ. 3 d.
Cinquante quatre,	1342 l. 11 ſ. 6 d.
Cinquante cinq,	1367 l. 8 ſ. 9 d.
Cinquante ſix,	1392 l. 6 ſ.
Cinquante ſept,	1417 l. 3 ſ. 3 d.
Cinquante huict,	1442 l. 6 d.
Cinquante neuf,	1466 l. 17 ſ. 9 d.
Soixante,	1491 l. 15 ſ.
Soixante vn,	1516 l. 12 ſ. 3 d.
Soixante deux,	1541 l. 9 ſ. 6 d.
Soixante trois,	1566 l. 6 ſ. 9 d.
Soixante quatre,	1591 l. 4 ſ.
Soixante cinq,	1616 l. 1 ſ. 3 d.
Soixante ſix,	1640 l. 18 ſ. 6 d.
Soixante ſept,	1665 l. 15 ſ. 9 d.
Soixante huict,	1690 l. 13 ſ.
Soixante neuf,	1715 l. 10 ſ. 3 d.
Soixante dix,	1740 l. 7 ſ. 6 d.
Soixante vnze,	1765 l. 4 ſ. 9 d.
Soixante douze,	1790 l. 2 ſ.
Soixante treize,	1814 l. 19 ſ. 3 d.
Soixante quatorze,	1839 l. 16 ſ. 6 d.

Soixante quinze,	1864 l. 13 s. 9 d.
Soixante seize,	1889 l. 11 s.
Soixante dix sept,	1914 l. 8 s. 3 d.
Soixante dix huict,	1939 l. 5 s. 6 d.
Soixante dix neuf,	1964 l. 2 s. 9 d.
Quatre vingt,	1989 l.
Quatre vingt vn,	2013 l. 17 s. 3 d.
Quatre vingt deux,	2038 l. 14 s. 6 d.
Quatre vingt trois,	2063 l. 11 s. 9 d.
Quatre vingt quatre,	2088 l. 9 s.
Quatre vingt cinq,	2113 l. 6 s. 3 d.
Quatre vingt six,	2138 l. 3 s. 6 d.
Quatre vingt sept,	2163 l. ..... 9 d.
Quatre vingt huict,	2187 l. 18 s.
Quatre vingt neuf,	2212 l. 15 s. 3 d.
Quatre vingt dix,	2237 l. 12 s. 6 d.
Quatre vingt vnze,	2262 l. 9 s. 9 d.
Quatre vingt douze,	2287 l. 7 s.
Quatre vingt treize,	2312 l. 4 s. 3 d.
Quatre vingt quatorze,	2337 l. 1 s. 6 d.
Quatre vingt quinze,	2361 l. 18 s. 9 d.
Quatre vingt seize,	2386 l. 16 s.
Quatre vingt dix sept,	2411 l. 13 s. 3 d.
Quatre vingt dix huict,	2436 l. 10 s. 6 d.
Quatre vingt dix neuf,	2461 l. 7 s. 9 d.
Cent,	2486 l. 5 s.
Deux cens,	4972 l. 10 s.
Trois cens,	7458 l. 15 s.
Quatre cens,	9945 l.
Cinq cens,	12431 l. 5 s.
Mil,	24862 l. 10. s.

FRANCS.

LE GRAIN,	1 d. ſemip. $\frac{135}{384}$ de p.
Deux Grains,	2 d. p. ſemipite.
Trois,	3 d. ob. ſemip.
Quatre,	4 d. ob. p.
Cinq,	6 d.
Six,	7 d. pite.
Sept,	8 d. p. ſemip.
Huict,	9 d. ob. ſemip.
Neuf,	10 d. ob. p. ſemip.
Dix,	1 ſ. ..... ſemip.
Vnze,	1ſ. 1 d. pite.
Douze,	1ſ. 2 d. ob. ſemip.
Treize,	1ſ. 3 d. ob. pite.
Quatorze,	1 ſ. 4 d. ob. p. ſemip.
Quinze,	1ſ. 6 d. ...... ſemip.
Seize,	1 ſ. 7 d. p. ſemip.
Dix ſept,	1ſ. 8 d. obole.
Dix huict,	1 ſ. 9 d. ob. p.
Dix neuf,	1 ſ. 11 d.
Vingt,	2 ſ. pite.
Vingt vn,	2 ſ. 1 d. p. ſemip.
Vingt deux,	2 ſ. 2 d. ob.
Vingt trois,	2 ſ. 3 d. ob. p. ſemip.
LE DENIER,	2 ſ. 5 d. $\frac{7}{16}$ de p.
Le demy Gros,	3 ſ. 7 d. ob. ſemip. $\frac{25}{96}$ de p.
LE GROS,	7 ſ. 3 d. p. $\frac{5}{16}$ de p.

Deux,	14 ſ. 6 d. ob. ſemip.
Trois,	1 l. 1 ſ. 9 d. ob. p. ſemip.
Quatre,	1 l. 9 ſ. 1 d. p.
Cinq,	1 l. 16 ſ. 4 d. ob. ſemip.
Six,	2 l. 3 ſ. 7 d. ob. p. ſemip.
Sept,	2 l. 10 ſ. 11 d. p.
L'ONCE,	2 l. 18 ſ. 2 d. ob. ſemip.
Deux,	5 l. 16 ſ. 5. d. p.
Trois,	8 l. 14 ſ. 7 d. ob. p. ſemip.
Quatre,	11 l. 12 ſ. 10 d. ob.
Cinq,	14 l. 11 ſ. 1 d. ſemip.
Six,	17 l. 9 ſ. 3 d. ob. p.
Sept,	20 l. 7 ſ. 6 d. p. ſemip.
LE MARC,	23 l. 5 ſ. 9 d.
Deux,	46 l. 11 ſ. 6 d.
Trois,	69 l. 17 ſ. 3 d.
Quatre,	93 l. 3 ſ.
Cinq,	116 l. 8 ſ. 9 d.
Six,	139 l. 14 ſ. 6 d.
Sept,	163 l. .... 3 d.
Huict,	186 l. 6 ſ.
Neuf,	209 l. 11 ſ. 9 d.
Dix,	232 l. 17 ſ. 6 d.
Vnze,	256 l. 3 ſ. 3 d.
Douze,	279 l. 9 ſ.
Treize,	302 l. 14 ſ. 9 d.
Quatorze,	326 l. ..... 6 d.
Quinze,	349 l. 6 ſ. 3 d.
Seize,	372 l. 12 ſ.
Dix ſept,	395 l. 17 ſ. 9 d.
Dix huict,	419 l. 3 ſ. 6 d.

Dixneuf,	442 l. 9 s. 3 d.
Vingt,	465 l. 15 s.
Vingt vn,	489 l. . . . . 9 d.
Vingt deux,	512 l. 6 s. 6 d.
Vingt trois,	535 l. 12 s. 3 d.
Vingt quatre,	558 l. 18 s.
Vingt cinq,	582 l. 3 s. 9 d.
Vingt six,	605 l. 9 s. 6 d.
Vingt sept,	628 l. 15 s. 3 d.
Vingt huict,	652 l. 1 s.
Vingt neuf,	675 l. 6 s. 9 d.
Trente,	698 l. 12 s. 6 d.
Trente vn,	721 l. 18 s. 3 d.
Trente deux,	745 l. 4 s.
Trente trois,	768 l. 9 s. 9 d.
Trente quatre,	791. l. 15 s. 6 d.
Trente cinq,	815 l. 1 s. 3 d.
Trente six,	838 l. 7 s.
Trente sept,	861 l. 12 s. 9 d.
Trente huict,	884 l. 18 s. 6 d.
Trente neuf,	908 l. 4 s. 3 d.
Quarante,	931 l. 10 s.
Quarante vn,	954 l. 15 s. 9 d.
Quarante deux,	978 l. 1 s. 6 d.
Quarante trois,	1001 l. 7 s. 3 d.
Quarante quatre,	1024 l. 13 s.
Quarante cinq,	1047 l. 18 s. 9 d.
Quarante six,	1071 l. 4 s. 6 d.
Quarante sept,	1094 l. 10 s. 3 d.
Quarante huict,	1117 l. 16 s.
Quarante neuf,	1141 l. 1 s. 9 d.

Cinquante,	1164 l. 7 ſ. 6 d.
Cinquante vn,	1187 l. 13 ſ. 3 d.
Cinquante deux,	1210 l. 19 ſ.
Cinquante trois,	1234 l. 4 ſ. 9 d.
Cinquante quatre,	1257 l 10 ſ. 6 d.
Cinquante cinq,	1280 l. 16 ſ. 3 d.
Cinquante ſix,	1304 l. 2 ſ.
Cinquante ſept,	1327 l. 7 ſ. 9 d.
Cinquante huict,	1350 l. 13 ſ. 6 d.
Cinquante neuf,	1373 l. 19 ſ. 3 d.
Soixante,	1397 l. 5 ſ.
Soixante vn,	1420 l. 10 ſ. 9 d.
Soixante deux,	1443 l. 16 ſ. 6 d.
Soixante trois,	1467 l. 2 ſ. 3 d.
Soixante quatre,	1490 l. 8 ſ.
Soixante cinq,	1513 l. 13 ſ. 9 d.
Soixante ſix,	1536 l. 19 ſ. 6 d.
Soixante ſept,	1560 l. 5 ſ. 3 d.
Soixante huict,	1583 l. 11 ſ.
Soixante neuf,	1606 l. 16 ſ. 9 d.
Soixante dix,	1630 l. 2 ſ. 6 d.
Soixante vnze,	1653 l. 8 ſ. 3 d.
Soixante douze,	1676 l. 14 ſ.
Soixante treize,	1699 l. 19 ſ. 9 d.
Soixante quatorze,	1723 l. 5 ſ. 6 d.
Soixante quinze,	1746 l. 11 ſ. 3 d.
Soixante ſeize,	1769 l. 17 ſ.
Soixante dix ſept,	1793 l. 2 ſ. 9 d.
Soixante dix huict,	1816 l. 8 ſ. 6 d.
Soixante dix neuf,	1839 l. 14 ſ. 3 d.
Quatre vingt,	1863 l.

Quatre-

quatre vingt vn,	1886 l. 5 ſ. 9 d.
quatre vingt deux,	1909 l. 11 ſ. 6 d.
quatre vingt trois,	1932 l. 17 ſ. 3 d.
quatre vingt quatre,	1956 l. 3 ſ.
quatre vingt cinq,	1979 l. 8 ſ. 9 d.
quatre vingt ſix,	2002 l. 14 ſ. 6 d.
quatre vingt ſept,	2026 l. ..... 3 d.
quatre vingt huict,	2049 l. 6 ſ.
quatre vingt neuf,	2072 l. 11 ſ. 9 d.
quatre vingt dix,	2095 l. 17 ſ. 6 d.
quatre vingt onze,	2119 l. 3 ſ. 3 d.
quatre vingt douze,	2142 l. 9 ſ.
quatre vingt treize,	2165 l. 14 ſ. 9 d.
quatre vingt quatorze,	2189 l. ..... 6 d.
quatre vingt quinze,	2212 l. 6 ſ. 3 d.
quatre vingt ſeize,	2235 l. 12 ſ.
quatre vingt dix ſept,	2258 l. 17 ſ. 9 d.
quatre vingt dix huict,	2282 l. 3 ſ. 6 d.
quatre vingt dix neuf,	2305 l. 9 ſ. 3 d.
Cent,	2328 l. 15 ſ.
Deux cens,	4657 l. 10 ſ.
Trois cens,	6986 l. 5. ſ.
Quatre cens,	9315 l.
Cinq cens,	11643 l. 15 ſ.
Mil,	23287 l. 10 ſ.

PIECES D'ARGENT ESTRANGERES.

REALLES D'ESPAGNE.

PARCEQVE LES REALLES d'Eſpagne ſont au meſme titre que les pieces cy-deuant appellées Quarts d'Eſcus, ſçauoir eſt, à vnze deniers de fin, pour autāt les Grains, Deniers, Gros, Onces & Marcs d'icelles, ſont au meſme prix & valeur que des Quarts d'Eſcus.

Ducatons de Milan, Florence, Sauoye, Veniſe, & Parme.

LE GRAIN,	1 d. pite $\frac{69}{192}$ de p.
Deux Grains,	2 d. obole.
Trois,	4 d.
Quatre,	5 d. pite.

Cinq,	6 d. ob.
Six,	8 d.
Sept,	9 d. p.
Huict,	10 d. ob.
Neuf,	1 ſ.
Dix,	1 ſ. 1 d. p.
Onze,	1 ſ. 2 d. ob.
Douze,	1 ſ. 4 d.
Treize,	1 ſ. 5 d. p.
quatorze,	1 ſ. 6 d. ob.
quinze,	1 ſ. 8 d.
Seize,	1 ſ. 9 d. p.
Dix ſept,	1 ſ. 10 d. ob.
Dix huict,	2 ſ.
Dix neuf,	2 ſ. 1 d. p.
Vingt,	2 ſ. 2 d. ob.
Vingt vn,	2 ſ. 4 d.
Vingt deux,	2 ſ. 5 d. p.
Vingt trois,	2 ſ. 6 d. ob.
LE DENIER,	2 ſ. 8 d. ſe. $\frac{7}{8}$ de p.
Le demy-Gros,	4 ſ. ſemip.
LE GROS,	8 ſ. p. ſem. 2/[illegible] de p.
Deux,	16 ſ. ob. p. ſemip.
Trois,	1 l. 4 ſ. 1 d. p. ſe.
quatre,	1 l. 12 ſ. 1 d. o. p. ſe
Cinq,	2 l. ...... 2 d. p.
Six,	2 l. 8 ſ. 2 d. ob. p.
Sept,	2 l. 16 ſ. 3 d. p.
L'ONCE,	3 l. 4 ſ. 3 d. ob. p.
Deux,	6 l. 8 ſ. 7 d. ob.
Trois,	9 l. 12 ſ. 11 d. p.

Quatre	12 l. 17 s. 3. d.
Cinq,	16 l. 1 s. 6 d. ob. p.
Six,	19 l. 5 s. 10 d. ob.
Sept,	22 l. 10 s. 2 d. p.
LE MARC,	25 l. 14 s. 6 d.
Deux,	51 l. 9 s.
Trois,	77 l. 3 s. 6 d.
Quatre,	102 l. 18 s.
Cinq,	128 l. 12 s. 6 d.
Six,	154 l. 7 s.
Sept,	180 l. 1 s. 6 d.
Huict,	205 l. 16 s.
Neuf,	231 l. 10 s. 6 d.
Dix,	257 l. 5 s.
Vingt,	514 l. 10 s.
Trente,	771 l. 15 s.
Quarante,	1029 l.
Cinquante,	1286 l. 5 s.
Cent,	2572 l. 10 s.

Ducatons de Flandres.

LE GRAIN	1 d. pite $\frac{15}{192}$ de pite.
Deux Grains,	2 d. ob.
Trois,	3 d. ob. p.
Quatre,	5 d.
Cinq,	6 d. p.
Six,	7 d. ob.
Sept,	8 d. ob. p.

Huict,	10 d.
Neuf,	11 d. p.
Dix,	1 ſ. . . . . ob.
Onze,	1 ſ. 1 d. ob. p.
Douze,	1 ſ. 3 d. ſemip.
Treize,	1 ſ. 4 d. p.
Quatorze,	1 ſ. 5 d. ob.
Quinze,	1 ſ. 6 d. ob. p.
Seize,	1 ſ. 8 d.
Dix ſept,	1 ſ. 9 d. p.
Dix huict,	1 ſ. 10 d. ob.
Dix neuf,	1 ſ. 11 d. ob. p.
Vingt,	2 ſ. 1 d. ſemip.
Vingt vn,	2 ſ. 2 d. p. ſemip.
Vingt deux,	2 ſ. 3 d. ob. ſemip.
Vingt trois,	2 ſ. 4 d. ob p. ſemip.
LE DENIER,	2 ſ. 6 d. ſemip. $\frac{9}{24}$ de p.
Le demy Gros,	3 ſ. 9 d. ob. ſem. $\frac{15}{48}$ de p.
LE GROS,	7 ſ. 7 d. p. ſemip. $\frac{1}{6}$ de p.
Deux,	15 ſ. 2 d. ob. p
Trois,	1 l. 2 ſ. 10 d. ſemip.
Quatre,	1 l. 10 ſ. 5 d. ob. ſemip.
Cinq,	1 l. 18 ſ. 1 d.
Six,	2 l. 5 ſ. 8 d. p. ſemip.
Sept,	2 l. 13 ſ. 3 d. ob. p.
L'ONCE,	3 l. . . . . . 11 d. p.
Deux,	6 l. 1 ſ. 10 d. ob.
Trois,	9 l. 2 ſ. 9 d. ob. p.
quatre,	12 l. 3 ſ. 9 d.
Cinq,	15 l. 4 ſ. 8 d. p.
Six,	18 l. 5 ſ. 7 d. ob.

Sept,	21 l. 6 ſ. 6 d. ob p.
Le MARC,	24 l. 7 ſ. 6 d.
Deux,	48 l. 15 ſ.
Trois,	73 l. 2 ſ. 6 d.
Quatre,	97 l. 10 ſ.
Cinq,	121 l. 17 ſ. 6 d.
Six,	146 l. 5 ſ.
Sept,	170 l. 12 ſ. 6 d.
Huict,	195 l.
Neuf,	219 l. 7 ſ. 6 d.
Dix,	243 l. 15 ſ.
Vingt,	487 l. 10. ſ.
Trente,	731 l. 5 ſ.
Quarante,	975 l.
Cinquante,	1218 l. 15 ſ.
Cent,	2437 l. 10 ſ.

Ducatons d'Auignon.

LE GRAIN,	1 d. p. $\frac{33}{384}$ de pite.
Deux Grains,	2 d. ob.
Trois	3 d. ob. p.
Quatre,	5 d.
Cinq,	6 d. p.
Six,	7 d. ob. ſemip.
Sept,	8 d. ob. p. ſemip.
Huict,	10. d. ſemip.
Neuf,	11 d. p. ſemip.
Dix ,	1 ſ. ..... ob. ſemip.
Onze,	1 ſ. 1 d. ob. p. ſemip.

Douze,	1 ſ. 3 d. p.
Treize,	1 ſ. 4 d. ob.
Quatorze,	1 ſ. 5 d. ob. p.
Quinze,	1 ſ. 7 d.
Seize,	1 ſ. 8 d. p.
Dix ſept,	1 ſ. 9 d. ob.
Dix huict,	1 ſ. 10 d. ob. p. ſemip.
Dix neuf,	2 ſ. .... ſemip.
Vingt,	2 ſ. 1 d. p. ſemip.
Vingt vn,	2 ſ. 2 d. ob. ſemip.
Vingt deux,	2 ſ. 3 d. ob. p. ſemip.
Vingt trois,	2 ſ. 5 d. ſemip.
LE DENIER,	2 ſ. 6 d. ob. $\frac{1}{16}$ de p.
Le demy Gros,	3 ſ. 9 d. ob. p. $\frac{9}{96}$ de p.
LE GROS,	7 ſ. 7 d. ob. $\frac{9}{48}$ de p.
Deux,	15 ſ. 3 d.
Trois,	1 l. 2 ſ. 10 d. ob. ſem.
Quatre,	1 l. 10 ſ. 6 d. ſemip.
Cinq,	1 l. 18 ſ. 1 d. ob. ſem.
Six,	2 l. 5 ſ. 9 d. p.
Sept,	2 l. 13 ſ. 4 d. ob. p.
L'ONCE,	3 l. 1 ſ. p. ſemip.
Deux,	6 l. 2 ſ. ob. p.
Trois,	9 l. 3 ſ. 1 d. ſemip.
Quatre,	12 l. 4 ſ. 1 d. ob.
Cinq,	15 l. 5 ſ. 1 d. ob. p. ſem.
Six,	18 l. 6 ſ. 2 d. p.
Sept,	21 l. 7 ſ. 2 d. ob. ſem.
LE MARC,	24 l. 8 ſ. 3 d.
Deux,	48 l. 16 ſ. 6 d.
Trois,	73 l. 4 ſ. 9 d.

Quatre,	97 l. 13 s.
Cinq,	122 l. 1 s. 3 d.
Six,	146 l. 9 s. 6 d.
Sept,	170 l. 17 s. 9 d.
Huict,	195 l. 6 s.
Neuf,	219 l. 14 s. 3 d.
Dix,	244 l. 2 s. 6 d.
Vingt,	488 l. 5 s.
Trente,	732 l. 7 s. 6 d.
Quarante,	976 l. 10 s.
Cinquante,	1220 l. 12 s. 6 d.
Cent,	2441 l. 5 s.

Philippes-dalles de Flandres.

LE GRAIN,	1 d. $\frac{89}{192}$ de p.
Deux Grains,	2 d. semip.
Trois,	3 d. p.
Quatre,	4 d. p. semip.
Cinq,	5 d. ob.
Six,	6 d. ob. semip.
Sept,	7 d. ob. p.
Huict,	8 d. ob. p. semip.
Neuf,	10 d.
Dix,	11 d. semip.
Onze,	1 s. p.
Douze,	1 s. 1 d. p. semip. [illegible] de p.
Treize,	1 s. 2 d. ob.
Quatorze,	1 s. 3 d. ob.

Quinze,	1 ſ. 4 d. ob. ſemip.
Seize,	1 ſ. 5 d. ob. p.
Dix ſept,	1 ſ. 6 d. ob. p. ſemip.
Dix huict,	1 ſ. 8 d.
Dix neuf,	1 ſ. 9 d. ſemip.
Vingt,	1 ſ. 10 d. p.
Vingt vn,	1 ſ. 11 d. p. ſemip.
Vingt deux,	2 ſ. ..... ob
Vingt trois,	2 ſ. 1 d. ob. ſemip.
LE DENIER,	2 ſ. 2. d ob. p. $\frac{1}{8}$ de p.
Le demy-Gros,	3 ſ. 4 d. ſemip. $\frac{9}{48}$ de p.
LE GROS,	6 ſ. 8 d. p. $\frac{9}{24}$ de p.
Deux,	13 ſ. 4 d. ob. ſemip.
Trois,	1 l. ...... 1 d.
quatre,	1 l. 6 ſ. 9 d. p. ſemip.
Cinq,	1 l. 13 ſ. 5 d. ob. ſemip.
Six,	2 l. 2 ſ.
Sept,	2 l. 6 ſ. 10 d. p. ſemip.
L'ONCE,	2 l. 13 ſ. 6 d. ob. p.
Deux,	5 l. 7 ſ. 1 d. ob.
Trois,	8 l. ..... 8 d. p.
Quatre,	10 l. 14 ſ. 3 d.
Cinq,	13 l. 7 ſ. 9 d. ob. p.
Six,	16 l. 1 ſ. 4 d. ob.
Sept,	18 l. 14 ſ. 11 d. p.
LE MARC,	21 l. 8 ſ. 6 d.
Deux,	42 l. 17 ſ.
Trois,	64 l. 5 ſ. 6 d.
quatre,	85 l. 14 ſ.
Cinq,	107 l. 2 ſ. 6 d.
Six,	128 l. 11 ſ.

Sept,	149 l. 19 s. 6 d.
Huict,	171 l. 8 s.
Neuf,	192 l. 16 s. 6 d.
Dix,	214 l. 5 s.
Vingt,	428 l. 10 s.
Trente,	642 l. 15 s.
quarante,	857 l.
Cinquante,	1071 l. 5 s.
Cent,	2142 l. 10 s.

Patagons de Flandres.

LE GRAIN,	1 denier, semipite.
Deux Grains,	2 d. p.
Trois	3 d. p. semip.
Quatre,	4 d. ob.
Cinq,	5 d. ob. semip.
Six,	6 d. ob. p.
Sept,	7 d. ob. p. semip.
Huict,	9 d.
Neuf,	10 d. semip.
Dix,	11 d. p.
Onze,	1 s. ..... p. semip.
Douze,	1 s. 1 d. ob.
Treize,	1 s. 2 d. ob. semip.
quatorze,	1 s. 3 d. ob. p.
Quinze,	1 s. 4 d. ob. p. semip.
Seize,	1 s. 6 d.
Dix sept,	1 s. 7 d. semip.

Dix huict,	1 ſ. 8 d. p.
Dix neuf,	1 ſ. 9 d. p. ſemip.
Vingt,	1 ſ. 10 d. ob.
Vingt vn,	1 ſ. 11 d. ob. ſemip.
Vingt deux,	2 ſ. ob. p.
Vingt trois,	2 ſ. 1 d. ob. p. ſemip.
LE DENIER,	2 ſ. 3 d.
Le demy Gros,	3 ſ. 4 d. ob.
LE GROS,	6 ſ. 9 d.
Deux,	13 ſ. 6 d.
Trois,	1 l. ..... 3 d.
Quatre,	1 l. 7 ſ.
Cinq,	1 l. 13 ſ. 9 d.
Six,	2 l. ..... 6 d.
Sept,	2 l. 7 ſ. 3 d.
L'ONCE,	2 l. 14 ſ.
Deux,	5 l. 8 ſ.
Trois,	8 l. 2 ſ.
Quatre,	10 l. 16 ſ.
Cinq,	13 l. 10 ſ.
Six,	16 l. 4 ſ.
Sept,	18 l. 18 ſ.
LE MARC,	21 l. 12 ſ.
Deux,	43 l. 4 ſ.
Trois,	64 l. 16 ſ.
Quatre,	86 l. 8 ſ.
Cinq,	108 l.
Six,	129 l. 12 ſ.
Sept,	151 l. 4 ſ.
Huict,	172 l. 16 ſ.
Neuf,	194 l. 8 ſ.

Dix,	216 l.
Vingt,	232 l.
Trente,	648 l.
Quarante,	864 l.
Cinquante,	1080 l.
Cent,	2160 l.

Pieces des Prouinces vnies, Dalles au Lyon.

LE GRAIN,	ob. p. ſemip. $\frac{1}{16}$ de p.
Deux Grains,	1 d. ob. p.
Trois,	2 d. ob. ſemip.
Quatre,	3 d. ob.
Cinq,	4 d. p. ſemip.
Six,	5 d. p.
Sept,	6 d. ſemip.
Huict,	7 d. ſemip.
Neuf,	8 d.
Dix,	8 d. ob. p. ſemip.
Onze,	9 d. ob. p.
Douze,	10 d. ob. ſem. $\frac{1}{4}$ de p.
Treize,	11 d. ob.
Quatorze,	1 ſ. ..... p. ſemip.
Quinze,	1 ſ. 1 d. p.
Seize,	1 ſ. 2 d. p.
Dix ſept,	1 ſ. 3 d. ſemip.
Dix huict,	1 ſ. 4 d.
Dix neuf,	1 ſ. 4 d. ob. p. ſemip.

Vingt,	1 ſ. 5 d. ob. p.
Vingt vn,	1 ſ 6 d. ob. ſemip.
Vingt deux,	1 ſ. 7 d. ob.
Vingt trois,	1 ſ. 8 d. p. ſemip.
LE DENIER,	1 ſ. 9 d. p. ſemip.
Le demy Gros,	2 ſ. 8 d. $\frac{1}{[illegible]}$ de p.
LE GROS,	5 ſ. 4 d. ſemip.
Deux,	10 ſ. 8 d. p.
Trois,	16 ſ. ...... p. ſemip.
Quatre,	1 l. 1 ſ. 4 d. ob.
Cinq,	1 l. 6 ſ. 8 d ob. ſemip.
Six,	1 l. 12 ſ. ob. p.
Sept,	1 l. 17 ſ. 4 d. ob. p. ſem.
L'ONCE,	2 l. 2 ſ. 9 d.
Deux,	4 l. 5 ſ. 6 d.
Trois,	6 l. 8 ſ. 3 d.
Quatre,	8 l. 11 ſ.
Cinq,	10 l. 13 ſ. 9 d.
Six,	12 l. 16 ſ. 6 d.
Sept,	14 l. 19 ſ. 3 d.
LE MARC,	17 l. 2 ſ.
Deux,	34 l. 4 ſ.
Trois,	51 l. 6 ſ.
quatre,	68 l. 8 ſ.
Cinq,	85 l. 10 ſ.
Six,	102 l. 12 ſ.
Sept,	119 l. 14 ſ.
Huict,	136 l. 16 ſ.
Neuf,	153 l. 18 ſ.
Dix,	171 l.
Vingt,	342 l.

Trente,	513 l.
Quarante,	684 l.
Cinquante,	855 l.
Cent,	1710 l.

Pieces de Zelande à l'Aigle.

LE GRAIN,	ob. p. ſem. $\frac{53}{192}$ de p.
Deux Grains,	1 d. ob. p. ſemip.
Trois,	2 d. ob. p.
Quatre,	3 d. ob. p.
Cinq,	4 d. ob. p.
Six,	5 d. ob. ſemip.
Sept,	6 d. ob. ſemip.
Huict,	7 d. ob. ſemip.
Neuf,	8 d. ob.
Dix,	9 d. ob.
Onze,	10 d ob.
Douze,	11 d. p. ſemip.
Treize,	1 ſ. ..... p. ſemip.
Quatorze,	1 ſ. 1 d. p. ſemip.
Quinze,	1 ſ. 2 d. p.
Seize,	1 ſ. 3 d. p.
Dix ſept,	1 ſ. 4 d. p.
Dix huict,	1 ſ. 5 d. ſemip.
Dix neuf,	1 ſ. 6 d. ſemip.
Vingt,	1 ſ. 7 d. ſemip.
Vingt vn,	1 ſ. 8 d.
Vingt deux,	1 ſ. 9 d.
Vingt trois,	1 ſ. 10 d.

LE DENIER,	1f.10d.ob.p.f. $\frac{9}{24}$ dep.
Le demy Gros,	2f.10d.p.fem. $\frac{15}{48}$ dep.
LE GROS,	5 f.8 d.ob.p. $\frac{1}{8}$ de p.
Deux,	11 f. 5 d. ob. p.
Trois,	17 f. 2 d. ob. femip.
quatre,	1l.2 f.11 d.ob. femip.
Cinq,	1 l. 8 f. 8 d. ob.
Six,	1 l.14 f. 5 d. p. fem.
Sept,	2 l...... 2 d. p.
L'ONCE,	2 l. 5 f. 11 d. p.
Deux,	4 l. 11 f. 10 d. ob.
Trois,	6 l. 17 f. 9 d. ob. p.
Quatre,	9 l. 3 f. 9 d.
Cinq,	11 l. 9 f. 8 d. p.
Six,	13 l. 15 f. 7 d. ob.
Sept,	16 l. 1f. 6 d. ob. p.
LE MARC,	18 l. 7 f. 6 d.
Deux,	36 l. 15 f.
Trois,	55 l. 2 f. 6 d.
Quatre,	73 l. 10 f.
Cinq,	91 l. 17 f. 6 d.
Six,	110 l. 5 f.
Sept,	128 l. 12 f. 6 d.
Huict,	147 l.
Neuf,	165 l. 7 f. 6 d.
Dix,	183 l. 15 f.
Vingt,	367 l. 10 f.
Trente,	551 l. 5 f.
Quarante,	735 l.
Cinquante	918 l. 15 f.
Cent,	1837 l. 10 f.

Pieces de Frize dites Gros-Bonnet.

LE GRAIN,	1 d. $\frac{5}{24}$ de p.
Deux Grains,	2 d.
Trois,	3 d. ſemip.
Quatre,	4 d. ſemip.
Cinq,	5 d. p.
Six,	6 d. p.
Sept,	7 d. p.
Huict,	8 d. p. ſemip.
Neuf,	9 d. p. ſemip.
Dix,	10 d. ob.
Onze,	11 d. ob.
Douze,	1 ſ. .... ob. ſemip.
Treize,	1 ſ. 1 d. ob. ſemip.
Quatorze,	1 ſ. 2 d. ob. ſemip.
Quinze,	1 ſ. 3 d. ob. p.
Seize,	1 ſ. 4 d. ob. p.
Dix ſept,	1 ſ 5 d. ob. p. ſemip.
Dix huict,	1 ſ. 6 d. ob. p. ſemip.
Dix neuf,	1 ſ. 7 d. ob. p. ſemip.
Vingt,	1 ſ. 9 d.
Vingt vn,	1 ſ. 10 d.
Vingt deux,	1 ſ. 11 d. ſemip.
Vingt trois,	2 ſ. ..... ſemip.
LE DENIER,	2 ſ. 1 d. p.
Le Demy Gros,	3 ſ. 1 d. ob. p. ſemip.
LE GROS,	6 ſ. 3 d. ob. p.
Deux,	12 ſ. 7 d. ob.
Trois,	18 ſ. 11 d. p.

Quatre,

Quatre,	1 l. 5 ſ. 3 d.
Cinq,	1 l. 11 ſ. 6 d. ob. p.
Six,	1 l. 17 ſ. 10 d. ob.
Sept,	2 l. 4 ſ. 2 d. p.
L'ONCE,	2 l. 10 ſ. 6 d.
Deux,	5 l. 1 ſ.
Trois,	7 l. 11 ſ. 6 d.
quatre,	10 l. 2 ſ.
Cinq,	12 l. 12 ſ. 6 d.
Six,	15 l. 3 ſ.
Sept,	17 l. 13 ſ. 6 d.
LE MARC,	20 l. 4 ſ.
Deux,	40 l. 8 ſ.
Trois,	60 l. 12 ſ.
Quatre,	80 l. 16 ſ.
Cinq,	101 l.
Six,	121 l. 4 ſ.
Sept,	141 l. 8 ſ.
Huict,	161 l. 12 ſ.
Neuf,	181 l. 16 ſ.
Dix,	202 l.
Vingt,	404 l.
Trente,	606 l.
Quarante,	808 l.
Cinquante,	1010 l.
Cent,	2020 l.

Pieces de Liege non contrefaites.

LE GRAIN,	ob. p. ſemip. $\frac{21}{48}$ de p.
Deux Grains,	1 d. ob. p. ſemip.

Trois,	2 d. ob. p. ſemip.
Quatre,	3 d. ob. p. ſemip.
Cinq,	4 d. ob. p. ſemip.
Six,	5 d. ob. p. ſemip.
Sept,	6 d. ob. p. ſemip.
Huict,	7 d. ob. p. ſemip.
Neuf,	8 d. ob. p.
Dix,	9 d. ob. p.
Onze,	10 d. ob. p.
Douze,	11 d. ob. p.
Treize,	1 ſ. ob. p.
quatorze,	1 ſ. 1 d. ob. p.
quinze,	1 ſ. 2 d. ob. p.
Seize,	1 ſ. 3 d. ob. p.
Dix ſept,	1 ſ. 4 d. ob. ſemip.
Dix huict,	1 ſ. 5 d. ob. ſemip.
Dix neuf,	1 ſ. 6 d. ob. ſemip.
Vingt,	1 ſ. 7 d. ob. ſemip.
Vingt vn,	1 ſ. 8 d. ob. ſemip.
Vingt deux,	1 ſ. 9 d. ob. ſemip.
Vingt trois,	1 ſ. 10 d. ob. ſemip.
LE DENIER,	1 ſ. 11. d. ob. ſemip.
Le demy Gros,	2 ſ. 11 d. p. $\frac{3}{4}$ de p.
LE GROS,	5 ſ. 10 d. ob. p. ſemip.
Deux,	11 ſ. 9 d. ob. p.
Trois,	17 ſ. 10 d. ob. ſemip.
quatre,	1 l. 3 ſ. 7 d. ob.
Cinq,	1 l. 9 ſ. 6 d. p. ſemip.
Six,	1 l. 15 ſ. 5 d. p.
Sept,	2 l. 1 ſ. 4 d. ſemip.
L'ONCE,	2 l. 7 ſ. 3.

Deux,	4 l. 14 s. 6 d.
Trois,	7 l. 1 s. 9 d.
quatre,	9 l. 9 s.
Cinq,	11 l. 16 s. 3 d.
Six,	14 l. 3 s. 6 d.
Sept,	16 l. 10 s. 9 d.
LE MARC,	18 l. 18 s.
Deux,	37 l. 16 s.
Trois,	56 l. 14 s.
quatre,	75 l. 12 s.
Cinq,	94 l. 10 s.
Six,	113 l. 8 s.
Sept,	132 l. 6 s.
Huict,	151 l. 4 s.
Neuf,	170 l. 2 s.
Dix,	189 l.
Vingt,	378 l.
Trente,	567 l.
quarante,	756 l.
Cinquante,	945 l.
Cent,	1890 l.

Dalles de l'Empire.

LE GRAIN, 1 d. semip. $\frac{87}{384}$ de p.
Deux grains, 2 d. p.

Trois,	3 d. ob.
quatre,	4 d. ob. semip.
Cinq,	5 d. ob. p. semip.

Six,	7 d.
Sept,	8 d. p.
Huict	9 d. p. ſemip.
Neuf,	10 d. ob. ſemip.
Dix,	11 d. ob. p.
Onze,	1 ſ. ..... ob. p. ſemip.
Douze,	1 ſ. 2 d. ſemip, $\frac{21}{96}$ de p.
Treize,	1 ſ. 3 d. p.
Quatorze,	1 ſ. 4 d. ob.
quinze,	1 ſ. 5 d. ob. ſemip.
Seize,	1 ſ. 6 d. ob. p. ſemip.
Dix ſept,	1 ſ. 8 d.
Dix huict,	1 ſ. 9 d. p.
Dix neuf,	1 ſ. 10 d. p. ſemip.
Vingt,	1 ſ. 11 d. ob. ſemip.
Vingt vn,	2 ſ. ob. p.
Vingt deux,	2 ſ. 1 d. ob. p. ſemip.
Vingt trois,	2 ſ. 3 d. ſemip.
LE DENIER	2 ſ. 4 d. p. $\frac{21}{48}$ de p.
Le demy Gros,	3 ſ. 6 d. ob. $\frac{15}{96}$ de p.
LE GROS,	7 ſ. 1 d. $\frac{15}{48}$ de p.
Deux,	14 ſ. 2 d. ſemip.
Trois,	1 l. 1 ſ. 3 d. ſemip.
quatre,	1 l. 8 ſ. 4 d. p.
Cinq,	1 l. 15 ſ. 5 d. p. ſemip.
Six,	2 l. 2 ſ. 6 d. p. ſemip.
Sept,	2 l. 9 ſ. 7 d. ob.
L'ONCE,	2 l. 16 ſ. 8 d. ob. ſemip.
Deux,	5 l. 13 ſ. 5 d. p.
Trois,	8 l. 10 ſ. 1 d. ob. p. ſemip.
quatre,	11 l. 6 ſ. 10 d. ob.

Cinq,	14 l. 3 s. 7 d. semip.
Six,	17 l. ..... 3 d. ob. p.
Sept,	19 l. 17 s. ..... p. semip.
LE MARC,	22 l. 13 s. 9 d.
Deux,	45 l. 7 s. 6 d.
Trois,	68 l. 1 s. 3 d.
Quatre,	90 l. 15 s.
Cinq,	113 l. 8 s. 9 d.
Six,	136 l. 2 s. 6 d.
Sept,	158 l. 16 s. 3 d.
Huict.	181 l. 10 s.
Neuf,	204 l. 3 s. 9 d.
Dix,	226 l. 17 s. 6 d.
Vingt,	453 l. 15 s.
Trente,	680 l. 12 s. 6 d.
Quarante,	907 l. 10 s.
Cinquante,	1134 l. 7 s. 6 d.
Cent,	2268 l. 15 s.

Testons d'Orange.

LE GRAIN,	1 d. $\frac{92}{384}$ de p.
Deux Grains,	2 d. semip.
Trois,	3 d. semip.
Quatre,	4 d. p.
Cinq,	5 d. p.
Six,	6 d. p. semip.
Sept,	7 d. p. semip.
Huict.	8 d. ob.
Neuf,	9 d. ob.

Dix,	10 d. ob. ſemip.
Onze,	11 d. ob. ſemip.
Douze,	1 ſ.....ob.p. $\frac{9}{96}$ de p.
Treize,	1 ſ. 1 d. ob. p.
Quatorze,	1 ſ, 2 d. ob.p.ſemip.
quinze,	1 ſ. 3 d. ob. p.ſemip.
Seize,	1 ſ. 5 d.
Dix ſept,	1 ſ. 6 d.
Dix huict,	1 ſ. 7 d. ſemip.
Dix neuf,	1 ſ. 8 d. ſemip.
Vingt,	1 ſ. 9 d. p.
Vingt vn,	1 ſ. 10 d. p.
Vingt deux,	1 ſ. 11 d. p. ſemip.
Vingt trois,	2 ſ....... p. ſemip.
LE DENIER,	2 ſ. 1 d. ob. $\frac{9}{48}$ de p.
Le Demy Gros,	3 ſ. 2 d. p. $\frac{27}{96}$ de p.
LE GROS,	6 ſ. 4 d.ob.ſe. $\frac{1}{16}$ de p.
Deux,	12 ſ. 9 d. p.
Trois,	19 ſ. 1 d. ob. p. ſem.
quatre,	1 l. 5 ſ. 6 d. ob.
Cinq,	1 l. 11 ſ. 11 d. ſemip.
Six,	1 l. 18 ſ. 3 d. ob. p.
Sept,	2 l. 4 ſ. 8 d. p. ſemip.
L'ONCE,	2 l. 11 ſ. 1 d. ſemip.
Deux,	5 l. 2 ſ. 2 d. p.
Trois,	7 l. 13 ſ. 3 d. p. ſemip.
quatre,	10 l. 4 ſ. 4 d. ob.
Cinq,	12 l. 15 ſ. 5 d.ob.ſemip.
Six,	15 l. 6 ſ. 6 d ob. p.
Sept,	17 l. 17 ſ. 7 d. ob.p.ſem.
LE MARC,	20 l. 8 ſ. 9 d.

Deux,	40 l. 17 s. 6 d.
Trois,	61 l. 6 s. 3 d.
Quatre,	81 l. 15 s.
Cinq,	102 l. 3 s. 9 d.
Six,	122 l. 12 s. 6 d.
Sept,	143 l. 1 s. 3 d.
Huict,	163 l. 10 s.
Neuf,	183 l. 18 s. 9 d.
Dix,	204 l. 7 s. 6 d.
Vingt,	408 l. 15 s.
Trente,	613 l. 2 s. 6 d.
Quarante,	817 l. 10 s.
Cinquante,	1021 l. 17 s. 6 d.
Cent,	2043 l. 15 s.

Testons d'Antoine & Charles de Lorraine.

LE GRAIN,	1 d. semip. $\frac{3}{16}$ de pite.
Deux Grains,	2 d. pite.
Trois,	3 d. ob.
Quatre,	4 d. ob. semip.
Cinq,	5 d. ob. p.
Six,	7 d.
Sept,	8 d. semip.
Huit,	9 d. p. semip.
Neuf,	10 d. ob.
Dix,	11 d. ob. semip.
Onze	1 s...... ob, p. semip.

Douze,	1 ſ. 2 d. ¼ de pite.
Treize,	1 ſ. 3 d. ſemip.
Quatorze,	1 ſ. 4 d. p. ſemip.
Quinze,	1 ſ. 5 d. ob.
Seize,	1 ſ. 6 d. ob. p.
Dix ſept,	1 ſ. 7 d ob. p. ſemip.
Dix huict,	1 ſ. 9 d.
Dix neuf,	1 ſ. 10 d. p.
Vingt,	1 ſ. 11 d. p. ſemip.
Vingt vn,	2 ſ...... ob.
Vingt deux,	2 ſ. 1 d. ob. p.
Vingt trois,	2 ſ. 2 d. ob. p. ſemip.
LE DENIER,	2 ſ. 4 d. ſemip.
Le demy Gros,	3 ſ. 6 d. ¾ de p.
LE GROS,	7 ſ...... p. ſemip.
Deux,	14 ſ...... ob. p.
Trois,	1 l. 1 ſ. 1 d. ſemip.
Quatre,	1 l. 8 ſ. 1 d. ob.
Cinq,	1 l. 15 ſ. 1 d. ob. p. ſemip.
Six,	2 l. 2 ſ. 2 d. p.
Sept,	2 l. 9 ſ. 2 d. ob. ſemip.
L'ONCE,	2 l. 16 ſ. 3 d.
Deux,	5 l. 12 ſ. 6 d.
Trois,	8 l. 8 ſ. 9 d.
Quatre,	11 l. 5 ſ.
Cinq,	14 l. 1 ſ. 3 d.
Six,	16 l. 17 ſ. 6 d.
Sept,	19 l. 13 ſ. 9 d.
LE MARC,	22 l. 10 ſ.
Deux,	45 l.
Trois,	67 l. 10 ſ.

Quatre,

Quatre,	90 l.
Cinq,	112 l. 10 ſ.
Six,	135 l.
Sept,	157 l. 10 ſ.
Huict,	180 l.
Neuf,	202 l. 10 ſ.
Dix,	225 l.
Vingt,	450 l.
Trente,	675 l.
Quarante,	900 l.
Cinquante,	1125 l.
Cent,	2250 l.

Teſtons d'Henry & Charles de Lorraine, & ceux de Metz.

LE GRAIN,	obole, p.ſemip. $\frac{11}{24}$ de p.
Deux Grains,	1 d. ob. p. ſemip.
Trois,	2 d. ob. p. ſemip.
Quatre,	3 d. ob. p. ſemip.
Cinq,	4 d. ob. p. ſemip.
Six,	5 d. ob. p. ſemip.
Sept,	6 d. ob. p. ſemip.
Huict,	7 d. ob. p. ſemip.
Neuf,	8 d. ob. p. ſemip.
Dix,	9 d. ob. p. ſemip.
Onze,	10 d. ob. p. ſemip.
Douze,	11 d. ob. p. ſemip.
Treize,	1 ſ. ..... ob. p.
Quatorze,	1 ſ. 1 d. ob. p.

Quinze, 1 ſ. 2 d. ob. p.
Seize, 1 ſ. 3 d. ob. p.
Dix ſept, 1 ſ. 4 d. ob. p.
Dix huict, 1 ſ. 5 d. ob. p.
Dix neuf, 1 ſ. 6 d. ob. p.
Vingt, 1 ſ. 7 d. ob. p.
Vingt vn, 1 ſ. 8 d. ob. p.
Vingt deux, 1 ſ. 9 d. ob. p.
Vingt trois, 1 ſ. 10 d. ob. p.
LE DENIER, 1 ſ. 11 d. ob. p.
Le demy Gros, 2 ſ. 11 d. ob. ſemip.
LE GROS, 5 ſ. 11 d. p.
Deux, 11 ſ. 10 d. ob.
Trois, 17 ſ. 9 d. ob. p.
quatre, 1 l. 3 ſ. 9 d.
Cinq, 1 l. 9 ſ. 8 d. p.
Six, 1 l. 15 ſ. 7 d. ob.
Sept, 2 l. 1 ſ. 6 d. ob. p.
L'ONCE, 2 l. 7 ſ. 6 d.
Deux, 4 l, 15 ſ.
Trois, 7 l. 2 ſ. 6 d.
quatre, 9 l. 10 ſ.
Cinq, 11 l. 17 ſ. 6 d.
Six, 14 l. 5 ſ.
Sept, 16 l. 12 ſ. 6 d.
LE MARC, 19 l.
Deux, 28 l.
Trois, 57 l.
quatre, 76 l.
Cinq, 95 l.
Six, 114 l.

Sept,	133 l.
Huict,	152 l.
Neuf,	171 l.
Dix,	190 l.
Vingt,	380 l.
Trente,	570 l.
quarante,	760 l.
Cinquante,	950 l.
Cent,	1900 l.

Testons au moulin de Lorraine.

LE GRAIN,	1 d. $\frac{5}{384}$ de p.
Deux,	2 d.
Trois,	3 d.
Quatre,	4 d.
Cinq,	5 d.
Six,	6 d.
Sept,	7 d.
Huict,	8 d.
Neuf,	9 d.
Dix,	10 d.
Onze,	11 d.
Douze,	1 ſ. ...... $\frac{9}{96}$ de p.
Treize,	1 ſ. 1 d.
quatorze,	1 ſ. 2 d.
quinze,	1 ſ. 3 d.
Seize,	1 ſ. 4 d.
Dix ſept,	1 ſ. 5 d.
Dix huict,	1 ſ. 6 d.

Dix neuf, 1 ſ. 7 d.
Vingt, 1 ſ. 8 d.
Vingt vn, 1 ſ. 9 d.
Vingt deux, 1 ſ. 10 d.
Vingt trois, 1 ſ. 11 d.
LE DENIER, 2 ſ. ..... $\frac{3}{6}$ de p.
Le demy Gros, 3 ſ. ..... $\frac{27}{96}$ de p.
LE GROS, 6 ſ. .... ſemip. $\frac{1}{16}$ de p.
Deux, 12 ſ. ..... pite $\frac{1}{8}$ de p.
Trois, 18 ſ. ...... p. ſem. $\frac{3}{16}$ de p.
quatre, 1 l. 4 ſ. ..... ob. $\frac{1}{4}$ de p.
Cinq, 1 l. 10 ſ. ... ob. ſem. $\frac{5}{16}$ de p.
Six, 1 l. 16 ſ. .... ob. p. $\frac{3}{8}$ de p.
Sept, 2 l. 2 ſ. ... o. p. ſem. $\frac{7}{16}$ de p.
L'ONCE, 2 l. 8 ſ. 1 d. ſemip.
Deux, 4 l. 16 ſ. 2 d. p.
Trois, 7 l. 4 ſ. 3 d. p. ſemip.
Quatre; 9 l. 12 ſ. 4 d. ob.
Cinq, 12 l. .... 5 d. ob. ſemip.
Six, 14 l. 8 ſ. 6 d. ob. p.
Sept, 16 l. 16 ſ. 7 d. ob. p. ſem.
LE MARC, 19 l. 4 ſ. 9 d.
Deux, 38 l. 9 ſ. 6 d.
Trois, 57 l. 14 ſ. 3 d.
quatre, 76 l. 19 ſ.
Cinq, 96 l. 3 ſ. 9 d.
Six, 115 l. 8 ſ. 6 d.
Sept, 134 l. 13 ſ. 3 d.
Huict, 153 l. 18 ſ.
Neuf, 173 l. 2 ſ. 9. d.
Dix, 192 l. 7 ſ. 6 d.

Vingt,	384 l. 15 s.
Trente,	577 l. 2 s. 6 d.
quarante,	769 l. 10 s.
Cinquante,	961 l. 17 s. 6 d.
Cent,	1923 l. 15 s.

Testons de Dole:

LE GRAIN,	ob. p. semip. $\frac{59}{192}$ de p.
Deux Grains,	1 d. ob p. semip.
Trois,	2 d. ob. p.
quatre,	3 d. ob. p.
Cinq,	4 d. ob. p.
Six,	5 d. ob. semip.
Sept,	6 d. ob. semip.
Huict,	7 d. ob.
Neuf,	8 d. ob.
Dix,	9 d. ob.
Onze,	10 d. p. semip.
Douze,	11 d. p. semip.
Treize,	1 s. ...... p.
quatorze,	1 s. 1 d. p.
quinze,	1 s. 2 d. p.
Seize,	1 s. 3 d. semip.
Dix sept,	1 s. 4 d. semip.
Dix huict,	1 s. 5 d. semip.
Dix neuf,	1 s. 6 d.
Vingt,	1 s. 7 d.
Vingt vn,	1 s. 7 d. ob. p. semip.
Vingt deux,	1 s. 8 d. ob. p. semip.
Vingt trois,	1 s. 9 d. ob. p. semip.

Le DENIER,	1 ſ. 10 d. ob. p. $\frac{3}{8}$ de p.
Le demy Gros,	2 ſ. 10 d. p. $\frac{1}{16}$ de p.
Le GROS,	5 ſ. 8 d. ob. $\frac{1}{8}$ de p.
Deux,	11 ſ. 5 d. $\frac{1}{4}$ de p.
Trois,	17 ſ. 1 d. $\frac{3}{8}$ de p.
quatre,	1 l. 2 ſ. 10 d. ſemip.
Cinq,	1 l. 8 ſ. 6 d. ob. ſe. $\frac{1}{8}$ de p.
Six,	1 l. 14 ſ. 3 d. ſem. $\frac{1}{4}$ de p.
Sept,	1 l. 19 ſ. 11 d. ob. ſe. $\frac{3}{8}$ de p.
L'ONCE,	2 l. 5. 8 d. p.
Deux,	4 l. 11 ſ. 4 d. ob.
Trois,	6 l. 17 ſ. .... ob p.
quatre,	9 l. 2 ſ. 9 d.
Cinq,	11 l. 8 ſ. 5 d. p.
Six,	13 l. 14 ſ. 1 d. ob.
Sept,	15 l. 19 ſ. 9 d. ob. p.
Le MARC,	18 l. 5 ſ. 6 d.
Deux,	36 l. 11 ſ.
Trois,	54 l. 16 ſ. 6 d.
quatre,	73 l. 2 ſ.
Cinq,	91 l. 7 ſ. 6 d.
Six,	109 l. 13 ſ.
Sept,	127 l. 18 ſ. 6 d.
Huict,	146 l. 4 ſ.
Neuf,	164 l. 9 ſ. 6 d.
Dix,	182 l. 15 ſ.
Vingt,	365 l. 10 ſ.
Trente,	548 l. 5 ſ.
quarante,	731 l.
Cinquante,	913 l. 15 ſ.
Cent,	1827 l. 10 ſ.

Teſtons de Beſançon.

CETTE ESPECE DE monnoye eſt au meſme titre que les Pieces de Liege non contrefaites : c'eſt pourquoy les Marcs, Onces, Gros & Grains de l'vne & l'autre mõnoye eſtans de meſme prix & valeur ; vous verrez l'eualuation deſdites Pieces és pages 33. 34. 35.

FIN.

Extraict du Priuilege du Roy.

PAR Grace & Priuilege du Roy, il eſt permis à SEBASTIEN CRAMOISY Imprimeur ordinaire du Roy en ſa Cour des Monoyes, d'imprimer tous les Edicts, Ordonnances, Reglemens, Arreſts & toutes autres choſes concernans le fait des Monoyes ; faiſant defenſes à toutes autres perſonnes de quelque eſtat, qualité & condition qu'elles ſoient, d'imprimer, ou faire imprimer aucunes choſes concernans le fait des Monoyes, à peine de confiſcation de tout ce qui ſe trouuera auoir eſté imprimé, de tous deſpens, dommages & intereſts, & d'amende arbitraire, comme il eſt porté par ledit Priuilege. Donné à Lyon le 25. iour de Iuillet 1629. Signé, Par le Roy, en ſon Conſeil, POITEVIN. Et ſeellé du grand ſeel ſur ſimple queuë de cire iaune.

www.ingramcontent.com/pod-product-compliance
Lightning Source LLC
LaVergne TN
LVHW010005230826
846092LV00002B/661

9782329675596